CHEMINS DE FER DU SUD DE LA FRANCE

EXPLOITATION

DOCUMENTS OFFICIELS

Loi du 15 juillet 1845
Décret du 1er mars 1901

COMPAGNIE

DES

Chemins de fer du Sud de la France

EXPLOITATION

DOCUMENTS OFFICIELS

Loi du 15 Juillet 1845

Décret du 1er Mars 1901

LOI

SUR

LA POLICE DES CHEMINS DE FER

15 JUILLET 1845

LOUIS-PHILIPPE, Roi des Français, à tous présents et à venir, salut :

Nous avons proposé, les Chambres ont adopté, Nous avons ordonné et ordonnons ce qui suit :

TITRE Ier

Mesures relatives à la conservation des chemins de fer.

ARTICLE PREMIER.

Les chemins de fer construits ou concédés par l'État font partie de la grande voirie.

Art. 2.

Sont applicables aux chemins de fer les lois et règlements sur la grande voirie, qui ont pour objet d'assurer la conservation des fossés, talus, levées et ouvrages d'art dépendant des routes, et d'interdire, sur toute leur étendue, le pacage des bestiaux et les dépôts de terre et d'autres objets quelconques.

Art. 3.

Sont applicables aux propriétés riveraines des chemins de fer les servitudes imposées par les lois et règlements sur la grande voirie, et qui concernent :

L'alignement ;

L'écoulement des eaux ;

L'occupation temporaire des terrains en cas de réparation ;

La distance à observer pour les plantations, et l'élagage des arbres plantés ;

Le mode d'exploitation des mines minières, tourbières, carrières et sablières, dans la zone déterminée à cet effet.

Sont également applicables à la confection et à l'entretien des chemins de fer, les lois et règlements sur l'extraction des matériaux nécessaires aux travaux publics.

Art. 4.

Tout chemin de fer sera clos des deux côtés et sur toute l'étendue de la voie.

L'Administration déterminera, pour chaque ligne, le mode de cette clôture, et, pour ceux des chemins qui n'y ont pas été assujettis, l'époque à laquelle elle devra être effectuée.

Partout où les chemins de fer croiseront

de niveau les routes de terre, des barrières seront établies et tenues fermées, conformément aux règlements.

ART. 5.

A l'avenir, aucune construction autre qu'un mur de clôture ne pourra être établie dans une distance de deux mètres d'un chemin de fer.

Cette distance sera mesurée, soit de l'arête supérieure du déblai, soit de l'arête inférieure du remblai, soit du bord extérieur des fossés du chemin, et, à défaut d'une ligne tracée, à un mètre cinquante centimètres à partir des rails extérieurs de la voie de fer.

Les constructions existantes au moment de la promulgation de la présente loi, ou lors de l'établissement d'un nouveau chemin de fer, pourront être entretenues dans l'état où elles se trouveront à cette époque.

Un règlement d'administration publique déterminera les formalités à remplir par les propriétaires pour faire constater l'état desdites constructions, et fixera le délai dans lequel ces formalités devront être remplies.

Art. 6.

Dans les localités où le chemin de fer se trouvera en remblai de plus de trois mètres au-dessus du terrain naturel, il est interdit aux riverains de pratiquer, sans autorisation préalable, des excavations dans une zone de largeur égale à la hauteur verticale du remblai, mesurée à partir du pied du talus.

Cette autorisation ne pourra être accordée sans que les concessionnaires ou fermiers de l'Exploitation du chemin de fer aient été entendus ou dûment appelés.

ART. 7.

Il est défendu d'établir, à une distance de moins de vingt mètres d'un chemin de fer desservi par des machines à feu des couvertures en chaumes, des meules de paille, de foin, et aucun autre dépôt de matières inflammables.

Cette prohibition ne s'étend pas aux dépôts de récoltes faits seulement pour le temps de la moisson.

ART. 8.

Dans une distance de moins de cinq mètres d'un chemin de fer, aucun dépôt de pierres ou objets non inflammables ne peut être établi sans l'autorisation préalable du Préfet.

Cette autorisation sera toujours révocable.

L'autorisation n'est pas nécessaire :

1° Pour former, dans les localités où le chemin de fer est en remblai, des dépôts de matières non inflammables dont la hauteur n'excède pas celle du remblai du chemin ;

2° Pour former, des dépôts temporaires d'engrais et autres objets nécessaires à la culture des terres.

Art. 9.

Lorsque la sûreté publique, la conservation du chemin et la disposition des lieux le permettront, les distances déterminées par les articles précédents pourront être diminuées en vertu d'ordonnances royales rendues après enquêtes.

ART. 10.

Si, hors des cas d'urgence prévus par la loi des 16-24 août 1790, la sûreté publique ou la conservation du chemin de fer l'exige, l'Administration pourra faire supprimer, moyennant une juste indemnité, les constructions, plantations, excavations, couvertures en chaume, amas de matériaux combustibles ou autres, existant dans les zones ci-dessus spécifiées au moment de la promulgation de la présente loi, et, pour l'avenir, lors de l'établissement du chemin de fer.

L'indemnité sera réglée pour la suppression des constructions, conformément aux titres IV et suivants de la loi du 3 mai 1841, et, pour tous les autres cas, conformément à la loi du 16 septembre 1807.

Art. 11.

Les contraventions aux dispositions du présent titre seront constatées, poursuivies et réprimées comme en matière de grande voirie.

Elles seront punies d'une amende de seize à trois cents francs, sans préjudice, s'il y a lieu, des peines portées au Code pénal et au titre III de la présente loi. Les contrevenants seront, en outre, condamnés à supprimer, dans le délai déterminé par l'arrêté du Conseil de Préfecture, les excavations, couvertures, meules ou dépôts faits contrairement aux dispositions précédentes.

A défaut, par eux, de satisfaire à cette condamnation dans le délai fixé, la suppression aura lieu d'office, et le montant de la dépense sera recouvré contre eux par la voie de contrainte, comme en matière de contributions publiques.

TITRE II

Des contraventions de voirie commises par les concessionnaires ou fermiers de chemins de fer.

ART. 12.

Lorsque le concessionnaire ou le fermier de l'exploitation d'un chemin de fer contreviendra aux clauses du cahier des charges ou aux décisions rendues en exécution de ces clauses, en ce qui concerne le service de la navigation, la viabilité des routes royales, départementales et vicinales, ou le libre écoulement des eaux, procès-verbal sera dressé de la contravention, soit par des Ingénieurs des Ponts et Chaussées ou des Mines, soit par des Conducteurs, Gardes-mines et Piqueurs, dûment assermentés.

Art. 13.

Les procès-verbaux, dans les quinze jours de leur date, seront notifiés administrativement au domicile élu par le concessionnaire ou le fermier, à la diligence du Préfet, et transmis dans le même délai au Conseil de Préfecture du lieu de la contravention.

Art. 14.

Les contraventions prévues à l'article 12 seront punies d'une amende de trois cents francs à trois mille francs.

Art. 15.

L'Administration pourra, d'ailleurs, prendre

immédiatement toutes mesures provisoires pour faire cesser le dommage, ainsi qu'il est procédé en matière de grande voirie.

Les frais qu'entraînera l'exécution de ces mesures seront recouvrés, contre le concessionnaire ou fermier, par voie de contrainte, comme en matière de contributions publiques.

TITRE III

Des mesures relatives à la sûreté de la circulation sur les chemins de fer.

Art. 16.

Quiconque aura volontairement détruit ou dérangé la voie de fer, placé sur la voie un objet faisant obstacle à la circulation, ou employé un moyen quelconque pour entraver la marche des convois ou les faire sortir des rails, sera puni de la réclusion.

S'il y a eu homicide ou blessure, le coupable sera, dans le premier cas, puni de mort, et dans le second, de la peine des travaux forcés à temps.

Art. 17.

Si le crime prévu par l'article 16 a été commis en réunion séditieuse avec rébellion ou pillage, il sera imputable aux chefs, auteurs, instigateurs et provocateurs de ces réunions, qui seront punis comme coupables du crime et condamnés aux mêmes peines que ceux qui l'auront personnellement commis, lors même que la réunion séditieuse n'aurait pas eu pour but direct et principal la destruction de la voie de fer.

Toutefois, dans ce dernier cas, lorsque la

peine de mort sera applicable aux auteurs du crime, elle sera remplacée, à l'égard des chefs, auteurs, instigateurs et provocateurs de ces réunions, par la peine des travaux forcés à perpétuité.

ART. 18.

Quiconque aura menacé, par écrit anonyme ou signé, de commettre un des crimes prévus par l'article 16, sera puni d'un emprisonnement de trois à cinq ans, dans le cas où la menace aurait été faite avec ordre de déposer une somme d'argent dans un lieu indiqué, ou de remplir toute autre condition.

Si la menace n'a été accompagnée d'aucun ordre ou condition, la peine sera d'un emprisonnement de trois mois à deux ans, et d'une amende de cent à cinq cents francs.

Si la menace avec ordre ou condition a été

verbale, le coupable sera puni d'un emprisonnement de quinze jours à six mois, et d'une amende de vingt-cinq à trois cents francs.

Dans tous les cas, le coupable pourra être mis par le jugement sous la surveillance de la haute police, pour un temps qui ne pourra être moindre de deux ans ni excéder cinq ans.

ART. 19.

Quiconque, par maladresse, imprudence, inattention, négligence ou inobservation des lois ou règlements, aura involontairement causé sur un chemin de fer, ou dans les gares ou stations, un accident qui aura occasionné des blessures, sera puni de huit jours à six mois d'emprisonnement, et d'une amende de cinquante à mille francs.

Si l'accident a occasionné la mort d'une ou plusieurs personnes, l'emprisonnement sera de six mois à cinq ans, et l'amende de trois cents à trois mille francs.

Art. 20.

Sera puni d'un emprisonnement de six mois à deux ans tout mécanicien ou conducteur garde-frein qui aura abandonné son poste pendant la marche du convoi.

Art. 21.

Toute contravention aux ordonnances royales portant règlement d'administration publique sur la police, la sûreté et l'exploitation du chemin de fer, et aux arrêtés pris par les Préfets sous l'approbation du Ministre des Travaux Publics, pour l'exécution des dites ordonnances, sera punie d'une amende de seize francs à trois mille francs.

En cas de récidive dans l'année, l'amende sera portée au double, et le tribunal pourra, selon les circonstances, prononcer en outre un emprisonnement de trois jours à un mois.

Art. 22.

Les concessionnaires ou fermiers d'un chemin de fer seront responsables, soit envers l'Etat, soit envers les particuliers, du dommage causé par les administrateurs, directeurs ou employés à un titre quelconque au service de l'exploitation du chemin de fer.

L'Etat sera soumis à la même responsabilité envers les particuliers, si le chemin de fer est exploité à ses frais et pour son compte.

Art. 23.

Les crimes, délits ou contraventions prévus dans les titres Ier et III de la présente loi, pourront être constatés par des procès-verbaux dressés concurrement par les Officiers de police judiciaire, les Ingénieurs des Ponts et Chaussées et des Mines, les Conducteurs, Gardes-mines, Agents de surveillance et Gardes nommés ou agréés par l'Administration et dûment assermentés.

Les procès-verbaux des délits et contraventions feront foi jusqu'à preuve contraire.

Au moyen du serment prêté devant le tribunal de première instance de leur domicile, les Agents de surveillance de l'Administration et des concessionnaires ou fermiers pourront verbaliser sur toute la ligne du chemin de fer auquel ils seront attachés.

ART. 24.

Les procès-verbaux dressés en vertu de l'article précédent seront visés pour timbre et enregistrés en débet.

Ceux qui auront été dressés par des Agents de surveillance et Gardes assermentés devront être affirmés dans les trois jours, à peine de nullité, devant le Juge de paix ou le Maire, soit du lieu du délit ou de la contravention, soit de la résidence de l'Agent.

ART. 25.

Toute attaque, toute résistance avec violence et voies de fait envers les Agents des chemins de fer dans l'exercice de leurs fonctions, sera punie des peines appliquées à la rébellion, suivant les distinctions faites par le Code pénal.

Art. 26.

L'article 463 du Code pénal est applicable aux condamnations qui seront prononcées en exécution de la présente loi.

Art. 27.

En cas de conviction de plusieurs crimes ou délits prévus par la présente loi ou par le Code pénal, la peine la plus forte sera seule prononcée.

Les peines encourues pour des faits postérieurs à la poursuite pourront être cumulées, sans préjudice des peines de la récidive.

La présente loi, discutée, délibérée et adoptée par la Chambre des Pairs et par celle des Députés, etc., sanctionnée par nous cejourd'hui, sera exécutée comme loi de l'Etat.

Donnons en mandement à nos Cours et Tribunaux, Préfets, Corps administratifs et tous autres, que les présentes ils gardent et maintiennent, fassent garder, observer et maintenir, et, pour les rendre plus notoires à tous, ils les fassent publier et enregistrer partout où besoin sera ; et afin que ce soit chose ferme et stable à toujours, nous y avons fait mettre notre sceau.

Fait au palais de Neuilly, le 15 juillet 1845.

Signé : LOUIS-PHILIPPE.

Par le Roi :

Le Ministre Secrétaire d'Etat des Travaux Publics,

Signé : S. Dumon.

DÉCRET

MODIFIANT

L'ORDONNANCE DU 15 NOVEMBRE 1846

sur la police,

la sûreté et l'exploitation

des Chemins de fer.

——

Le Président de la République française,

Sur le rapport du ministre des travaux publics,

Vu l'article 9 de la loi du 11 juin 1842, relative à l'établissement des lignes de chemins de fer ;

Vu la loi du 15 juillet 1845 sur la police des chemins de fer ;

Vu l'ordonnance du 15 novembre 1846, portant règlement d'administration publique sur la police, la sûreté et l'exploitation des chemins de fer ;

Vu le décret du 9 mars 1889 ;

Le Conseil d'État entendu,

Décrète :

Art. 1er.

Les titres I à IV (art. 1er à 43) et VI à VIII (art. 51 à 80) de l'ordonnance du 15 novembre 1846, portant règlement d'administration publique sur la police, la sûreté et l'exploitation des chemins de fer, sont modifiés de la façon suivante :

TITRE Ier

Des gares et de la voie.

ART. 1er.

Les mesures de police destinées à assurer

le bon ordre, tant dans l'intérieur des gares que dans leurs dépendances, seront réglées par des arrêtés du préfet du département.

Cette disposition s'appliquera notamment à l'entrée, au stationnement et à la circulation des voitures publiques ou particulières, destinées soit au transport des personnes, soit au transport des marchandises dans les cours dépendant des gares de chemin de fer.

Les arrêtés ainsi pris par les préfets ne seront exécutoires qu'en vertu de l'approbation du ministre des travaux publics.

Art. 2.

Le chemin de fer et les ouvrages qui en dépendent seront constamment entretenus en bon état. La compagnie devra faire connaître au ministre des travaux publics, dans la forme que celui-ci jugera convenable, les mesures qu'elle aura prises pour cet entretien.

Les voies et autres installations des gares devront être convenablement disposées pour la sûreté des manœuvres et de la circulation des trains.

Dans le cas où les mesures prises seraient insuffisantes pour assurer le bon entretien du chemin de fer, la sûreté de la circulation et la sécurité publique, le ministre, après avoir entendu la compagnie, prescrira celles qu'il juge nécessaires.

Dans le cas, où par suite de l'insuffisance des installations, le service ne serait pas régulièrement assuré, il sera procédé conformément aux dispositions de l'article 65.

Art. 3.

Il sera placé, partout où besoin sera, des

agents en nombre suffisant pour assurer la surveillance et la manœuvre des signaux, aiguilles et autres appareils de la voie; en cas d'insuffisance, le nombre de ces agents sera fixé, la compagnie entendue, par le ministre des travaux publics, qui pourra prescrire que ceux de ces agents dont le service intéressant la sécurité aurait une importance particulière ne soient employés à aucun autre travail.

Art. 4.

Partout où un chemin de fer sera traversé à niveau par une voie de terre, il sera établi des barrières, sauf les exceptions autorisées par le ministre des travaux publics, conformément aux lois.

Le mode, la garde et les conditions de service des barrières seront réglés par le ministre des travaux publics, sur la proposition de la compagnie.

Lorsque le ministre autorisera la traversée à niveau du chemin de fer par un autre chemin de fer ou par un tramway, il arrêtera, après avoir entendu les deux compagnies, les dispositions techniques à prendre pour l'établissement et l'exploitation de ces traversées.

Art. 5.

Si l'établissement de contre-rails est jugé nécessaire dans l'intérêt de la sûreté publique, la compagnie sera tenue d'en placer sur les points qui seront désignés par le ministre des travaux publics.

Art. 6.

Les gares et leurs abords devront être éclairés la nuit pendant la durée du service.

Le ministre des travaux publics fixera, la compagnie entendue, les conditions dans lesquelles les passages à niveau et les tunnels, s'il y a lieu, devront être éclairés.

TITRE II

Du matériel employé à l'exploitation.

Art. 7.

Les locomotives, les tenders et les véhicules de toute espèce entrant dans la composition des trains seront construits, après autorisation du ministre des travaux publics, suivant les meilleurs modèles, avec des matériaux de première qualité. La compagnie devra produire, à l'appui de sa demande en autorisation, les plans, dessins et tous les documents indiqués par le ministre.

Le ministre déterminera les conditions

auxquelles le matériel n'appartenant pas à la compagnie exploitante pourra être admis à circuler sur le réseau de cette compagnie.

Art. 8.

Les locomotives, tenders ou véhicules de toute espèce entrant dans la composition des trains devront remplir les conditions que le ministre des travaux publics jugera nécessaires pour assurer la sécurité des voyageurs et des agents pendant la circulation des trains et pendant leur formation.

Art. 9.

Il sera tenu des états de service pour toutes les locomotives. Ces états seront inscrits sur des registres qui devront être constamment à jour et indiquer, pour chaque machine, la date de sa mise en service, le travail qu'elle a accompli, les réparations ou modifications qu'elle a reçues et le renouvellement de ses diverses pièces.

Il sera tenu en outre, pour les essieux de locomotives et tenders, des registres spéciaux sur lesquels, à côté du numéro d'ordre de chaque essieu, seront inscrits sa provenance, la date de sa mise en service, l'épreuve qu'il peut avoir subie, son travail, ses accidents et ses réparations.

Les registres mentionnés aux deux paragraphes ci-dessus seront représentés, à toute réquisition, aux ingénieurs et agents chargés de la surveillance du matériel et de l'exploitation.

Les essieux des véhicules de toute espèce porteront une marque au poinçon faisant connaître la provenance et la date de la fourniture.

Art. 10.

Les locomotives ne pourront être mises en service qu'en vertu de l'autorisation délivrée par le service du contrôle et après avoir été soumises à toutes les épreuves prescrites par les règlements en vigueur.

Art. 11.

Les locomotives devront être pourvues, sauf exception autorisée par le ministre des travaux publics, d'appareils ayant pour objet d'arrêter les fragments de combustible tombant de la grille et d'empêcher la sortie des flammèches par la cheminée, ainsi que la production de fumée, incommodes pour les voyageurs ou pour le voisinage.

Art. 12.

Les voitures destinées au transport des voyageurs devront être commodes et présenter les dispositions que le ministre des travaux publics jugera nécessaires pour assurer la sécurité des voyageurs.

Le ministre déterminera, la compagnie entendue, quelles devront être les dimensions minima de la place affectée à chaque voyageur.

Toute voiture à voyageurs portera dans l'intérieur l'indication en chiffres apparents du nombre de places.

Art. 13.

Aucune voiture pour les voyageurs ne sera mise en service sans une autorisation délivrée par le service du contrôle, après qu'il aura été constaté que la voiture satisfait aux conditions de l'article précédent.

L'autorisation de mise en service n'aura d'effet qu'après que l'estampille prescrite pour les voitures publiques par l'article 117 de la loi du 25 mars 1817 aura été délivrée par le directeur des contributions indirectes.

Art. 14.

Les locomotives, les tenders et les véhicules de toute espèce devront porter : 1º la désignation en toutes lettres ou par initiales du chemin de fer auquel ils appartiennent ; 2º un numéro d'ordre. Les voitures des voyageurs porteront, en outre, l'indication de la classe de chaque compartiment et l'estampille délivrée par l'administration des contributions indirectes. Ces diverses indications seront placées d'une manière apparente sur la caisse ou sur les côtés du châssis.

Art. 15.

Les locomotives, tenders et véhicules de toute espèce et tout le matériel d'exploitation seront constamment maintenus dans un bon état d'entretien.

La compagnie devra faire connaître au ministre des travaux publics, dans la forme que celui-ci jugera convenable, les mesures adoptées par elle à cet égard ; en cas d'insuffisance, le ministre, après avoir entendu les observations de la compagnie, prescrira les dispositions qu'il jugera nécessaires au point de vue de la sécurité ou de l'hygiène publique.

Le ministre, la compagnie entendue, pourra faire retirer de la circulation les locomotives, tenders et autres véhicules qui ne se trouveraient pas dans des conditions suffisantes pour assurer la sécurité de l'exploitation, ou qui, pour une cause quelconque, n'offriraient pas les garanties voulues pour la sûreté de l'exploitation.

TITRE III

De la composition des trains.

Art. 16.

Tout train ordinaire de voyageurs devra contenir en nombre suffisant des voitures de chaque classe, à moins d'une autorisation spéciale du ministre des travaux publics.

Art. 17.

Chaque train de voyageurs, de marchandises ou mixte devra être accompagné :

1° D'un mécanicien et d'un chauffeur par machine ; le chauffeur devra être capable d'arrêter la machine, de l'alimenter et de manœuvrer les freins.

2° Du nombre de conducteurs et de gardes-freins qui sera déterminé, suivant le nombre de véhicules, suivant les pentes et suivant les appareils d'arrêt ou de ralentissement, par le ministre des travaux publics, sur la proposition de la compagnie.

Sur le dernier véhicule de chaque train ou sur l'un des véhicules placés à l'arrière, il y aura toujours un frein et un conducteur chargé de le manœuvrer.

Lorsqu'il y aura plusieurs conducteurs dans un train, l'un d'entre eux devra toujours avoir autorité sur les autres.

Le maximum du nombre de véhicules pour chaque nature de trains transportant des voyageurs sera déterminé par le ministre des travaux publics, sur la proposition de la compagnie.

Art. 18.

Par dérogation à l'article précédent, l'obligation d'avoir sur la machine un mécanicien et un chauffeur ne sera pas applicable aux trains légers, dont la mise en marche sera autorisée par le ministre des travaux publics, sous la réserve que le conducteur chef du train se tiendra habituellement soit sur la machine, soit dans la première voiture du train, qu'il pourra dans tous les cas accéder facilement à la machine et qu'il sera en état de l'arrêter en cas de besoin.

En outre, lorsque les véhicules à voyageurs et à marchandises dont se compose un train léger seront tous munis d'un frein continu, le ministre pourra autoriser la suppression de l'obligation d'avoir, sur le dernier véhicule ou sur l'un des derniers véhicules, un conducteur spécial chargé de la manœuvre du frein.

Ne pourront être considérés comme trains légers que ceux dont les véhicules sont portés sur seize essieux au plus, non compris les essieux de la locomotive, s'il y en a une, mais y compris les essieux de la voiture motrice, si l'appareil moteur est contenu dans un des véhicules portant des voyageurs ou des marchandises.

Art. 19.

Les locomotives devront être en tête des trains. Il ne pourra être dérogé à cette disposition que pour les manœuvres à exécuter dans les gares ou dans leur voisinage, pour

es trains de service et pour le cas de secours
ou de renfort. Dans ces cas spéciaux, la
vitesse ne devra pas dépasser les limites fixées
par le ministre des travaux publics.

Art. 20.

Les trains de voyageurs ne devront être
remorqués que par une seule locomotive,
sauf les cas où l'emploi d'une machine de
renfort deviendrait nécessaire, soit pour la
montée d'une rampe d'une forte inclinaison,
soit par suite d'une affluence extraordinaire
de voyageurs, de l'état de l'atmosphère,
d'un accident ou d'un retard exigeant l'emploi
de secours ou de tout autre cas préala-
blement déterminé par le ministre des
travaux publics.

Il sera, dans tous les cas, interdit d'atteler

simultanément plus de deux locomotives à un train de voyageurs.

La machine placée en tête devra régler la marche du train.

Il devra toujours y avoir en tête de chaque train, entre le tender et la première voiture de voyageurs, au moins un véhicule ne portant pas de voyageurs ; cette obligation ne s'applique ni aux trains légers, ni aux trains de secours, ni aux trains de composition spéciale qui en auront été dispensés par le ministre des travaux publics.

Dans tous les cas où il sera attelé plus d'une locomotive à un train, mention en sera faite sur un registre à ce destiné, avec indication du motif de la mesure, de la gare où elle aura été jugée nécessaire et de l'heure à laquelle le train aura quitté cette gare.

Ce registre sera représenté , à toute

réquisition, aux fonctionnaires et agents du contrôle.

ART. 21.

Le ministre des travaux publics, la compagnie entendue, arrêtera les règles à suivre pour le transport des matières dangereuses (explosibles, inflammables, vénéneuses, etc.) et des matières infectes ; il déterminera notamment les cas dans lesquels le transport de ces marchandises dans un train de voyageurs est interdit.

ART. 22.

Le ministre des travaux publics déterminera, la compagnie entendue, les précautions à prendre dans la formation des trains pour éviter, soit au départ ou à l'arrivée, soit pendant la marche, toute réaction dangereuse ou incommode entre les divers véhicules.

Art. 23.

Les conducteurs et les gardes-freins seront mis en communication avec le mécanicien ponr donner, en cas d'accident, le signal d'alarme par tel moyen qui sera autorisé par le ministre des travaux publics, sur la proposition de la compagnie.

Sauf les exceptions autorisées par le ministre des travaux publics, les compartiments des voitures à voyageurs seront tous mis en communication avec le mécanicien ou le conducteur chef de train par un signal d'alarme en bon état de fonctionnement.

Art. 24.

Pendant la nuit et pendant le jour, au

passage des souterrains désignés par le ministre des travaux publics, les fanaux des trains devront être allumés, et les voitures destinées aux voyageurs devront être éclairées intérieurement.

Ces voitures devront être chauffées pendant la saison froide dans les conditions approuvées par le ministre.

En cas d'insuffisance des mesures adoptées par la compagnie en ce qui concerne l'éclairage ou le chauffage des trains et voitures, le ministre prescrira, la compagnie entendue, les dispositions qu'il jugera nécessaires.

Tout train transportant des voyageurs sera muni d'une boîte de secours dont la composition sera approuvée par le ministre.

TITRE IV

Du départ, de la circulation
et de l'arrivée des trains.

ART. 25.

Le ministre des travaux publics déterminera, sur la proposition de la compagnie, pour les lignes à plusieurs voies celles de ces voies qui seront affectées à la circulation de chaque sens, et pour les lignes à une voie, les points de croisement.

Il ne pourra être dérogé, sous aucun prétexte, aux dispositions qui auront été prescrites par le ministre, si ce n'est dans le cas où la voie serait interceptée, et, dans ce cas, le changement devra être fait avec les précautions spéciales qui seront indiquées par les règlements de la compagnie dûment homologués.

Art. 26.

Avant le départ du train, le mécanicien s'assurera si toutes les parties de la locomotive et du tender sont en bon état.

En ce qui concerne les voitures et leurs freins, la même vérification sera faite dans les conditions déterminées par le règlement de la compagnie.

Le signal du départ ne sera donné que lorsque les portières seront fermées.

Le train ne devra être mis en marche qu'après le signal du départ.

Art. 27.

Aucun train ne pourra partir d'une gare ni y arriver avant l'heure déterminée par le règlement de service.

Les mesures propres à maintenir, entre

les trains qui suivent, l'intervalle de temps ou d'espacé nécessaire pour assurer la sécurité de la circulation, seront déterminées par le ministre des travaux publics, la compagnie entendue.

Des signaux seront placés à l'entrée des gares, dans les gares et sur la voie, partout où cela sera jugé utile pour faire connaître aux mécaniciens s'ils doivent arrêter ou ralentir leur marche.

En cas d'insuffisance des signaux établis par la compagnie, le ministre prescrira, la compagnie entendue, l'établissement de ceux qu'il jugera nécessaires.

Art. 28.

Sauf le cas de force majeure ou de réparation de la voie, les trains ne pourront s'arrêter qu'aux gares ou aux lieux de stationnement autorisés.

Les voies affectées à la circulation des trains devront être couvertes par des signaux, ainsi qu'il est dit à l'article 32 ci-après, dans les cas où il y aura nécessité absolue d'y faire stationner momentanément des machines, des voitures ou des wagons.

ART. 29.

Le ministre des travaux publics déterminera, sur la proposition de la compagnie, les mesures spéciales de précaution relatives à la circulation des trains sur les parties du chemin de fer qui offriraient un danger particulier.

Il déterminera également, sur la proposition de la compagnie, la vitesse maximum que les trains de toute nature pourront prendre sur les diverses parties de chaque ligne.

Art. 3o.

Le ministre des travaux publics prescrira, sur la proposition de la Compagnie, les mesures spéciales de précaution à prendre pour l'expédition et la marche des trains extraordinaires.

Dès que l'expédition d'un train extraordinaire aura été décidée, déclaration devra en être faite immédiatement aux agents du contrôle et fonctionnaires désignés par le Ministre des travaux publics, avec indication du motif de l'expédition du train et de son horaire.

Art. 31.

Des agents chargés de l'entretien et de la surveillance de la voie seront placés sur la ligne en nombre suffisant pour assurer la libre circulation des trains.

Ces agents seront pourvus, le jour et la nuit, de signaux d'arrêt et de ralentissement.

Des agents seront en outre placés à des endroits déterminés par la manœuvre des signaux fixes et, s'il y a lieu, pour l'annonce des trains de proche en proche.

En cas d'insuffisance, le ministre des travaux publics règlera le nombre des agents de ces diverses catégories, la Compagnie entendue.

ART. 32.

Dans le cas où soit un train, soit une machine isolée s'arrêterait accidentellement sur la voie, des signaux de protection seront faits dans les conditions déterminées par les règlements de la Compagnie dûment homologués.

Les mécaniciens, les conducteurs-chefs et

les conducteurs devront être munis pendant leur service des signaux indiqués par ces règlements.

Des précautions spéciales seront prises pour garantir la sécurité des trains dans le cas où il deviendrait impossible de maintenir leur vitesse normale.

ART. 33.

Lorsque des travaux de réparation seront effectués sur une voie, ils devront être protégés par des signaux d'arrêt et de ralentissement.

ART. 34.

Lorsque, par suite d'un accident, de réparation ou de toute autre cause, la circulation devra s'effectuer momentanément sur une seule voie, il devra être placé un garde auprès des aiguilles de chacun des changements de voie extrêmes.

Les gardes ne laisseront les trains s'engager dans la voie unique réservée à la circulation que dans les conditions prescrites par les règlements ou ordres de service.

Il sera donné connaissance au service du contrôle des mesures prises pour assurer la circulation sur la voie unique.

Art. 35.

La compagnie sera tenue de faire connaître au ministre des travaux publics le système de signaux qu'elle aura adopté ou qu'elle se propose d'adopter pour les cas prévus par le présent titre. Le ministre prescrira les modifications qu'il jugera nécessaires.

Art. 36.

Le mécanicien devra porter constamment son attention sur l'état de la voie, arrêter ou ralentir la marche en cas d'obstacles, suivant les circonstances, se conformer aux signaux qui lui seront transmis et signaler au premier arrêt les anomalies qu'il aura remarquées ; il surveillera toutes les parties de la machine, la tension de la vapeur et le niveau d'eau de la chaudière. Il veillera à ce que rien n'embarrasse la manœuvre des freins dont il a la disposition.

Art. 37.

Les mesures de précaution à observer par le mécanicien aux approches et au passage des bifurcations, embranchements ou traversées de voies, seront fixées par des règlements approuvés par le ministre des travaux publics.

Aux points de bifurcation, des signaux devront indiquer le sens dans lequel les aiguilles sont placées.

A l'approche des gares où le train doit s'arrêter, le mécanicien devra prendre les dispositions convenables pour qu'il ne dépasse pas le point où les voyageurs doivent descendre.

Art. 38.

Avant la mise en marche, à l'approche des gares, des passages à niveau en courbe, ainsi que des autres passages à niveau et des bifurcations désignées par le ministre des travaux publics, à l'entrée et à la sortie des tranchées en courbe et des souterrains, le mécanicien devra faire jouer le sifflet pour avertir de l'approche du train.

Il se servira également du sifflet comme moyen d'avertissement, toutes les fois que la voie ne lui paraîtra pas complètement libre.

Le sifflet pourra être remplacé par un autre signal acoustique approuvé par le ministre des travaux publics.

Art. 39.

Aucune personne autre que le mécanicien et le chauffeur ne pourra monter sur la locomotive ou sur le tender, à moins d'une permission spéciale et écrite du directeur du chemin de fer ou de son délégué.

Seront exceptés de cette interdiction les ingénieurs des Ponts et Chaussées et les ingénieurs des mines chargés du contrôle et les agents du contrôle technique. Les commissaires de surveillance administrative pourront également monter sur la locomotive ou le tender, en remettant au chef de la gare ou au conducteur principal du train une réquisition écrite et motivée.

Art. 40.

Sur des points qui seront désignés par le ministre des travaux publics, la compagnie entendue, des machines de secours ou de réserve devront être constamment entretenues en feu et prêtes à partir.

Les règles relatives au service de ces machines seront déterminées par le ministre, sur la proposition de la compagnie.

Art. 41.

Il y aura constamment aux lieux de dépôt

des machines, un wagon chargé de tous les agrès et outils nécessaires en cas d'accident.

Chaque train devra, d'ailleurs, être muni des outils les plus indispensables.

Art. 42.

Aux gares qui seront désignées par le ministre des travaux publies, il sera tenu des registres sur lesquels on mentionnera les retards de trains excédant des limites déterminées par le ministre. Ces registres indiqueront la nature et la composition des trains, les points extrêmes de leur parcours, le numéro des locomotives qui les ont remorqués, les heures de départ et d'arrivée, les causes et la durée du retard.

Ces registres seront représentés, à toute réquisition, aux agents du contrôle.

Art. 43.

Les horaires fixant la marche des trains ordinaires de toute nature seront soumis par la compagnie à l'approbation du ministre des travaux publics ; à cet effet, avant leur mise en vigueur et dans les délais prescrits par le ministre, la compagnie les lui communiquera, ainsi qu'aux fonctionnaires désignés par lui et au service du contrôle.

Si, à la date annoncée pour la mise en vigueur de nouveaux horaires, le ministre n'a pas notifié à la compagnie son opposition, ces horaires pourront être appliqués à titre provisoire.

A toute époque, le ministre des travaux publics pourra prescrire d'apporter aux horaires des trains les modifications ou additions qu'il jugera nécessaires pour la sûreté de la circulation ou les besoins du public.

Les horaires des trains transportant des voyageurs seront portés à la connaissance du public, avant leur mise en vigueur, par des affiches placées dans les gares, dans les conditions fixées par le ministre des travaux publics. Ces affiches devront mentionner ceux des trains contenant des voitures de toutes classes pour lesquels la compagnie sera dispensée de faire le service des messageries.

TITRE V

De la perception des taxes et des frais accessoires.

ART. 44.

Aucune taxe, de quelque nature qu'elle soit, ne pourra être perçue par la Compagnie qu'en vertu d'une homologation du Ministre des Travaux Publics.

Les taxes perçues actuellement sur les chemins dont les concessions sont antérieures à 1835, et qui ne sont pas encore régularisées, devront l'être avant le 1er avril 1847.

Art 45.

Pour l'exécution du paragraphe 1er de l'article qui précède, la Compagnie devra dresser un tableau des prix qu'elle a l'intention de percevoir, dans la limite du maximum autorisé par le cahier des charges, pour le transport des voyageurs, des bestiaux, marchandises et objets divers, et en transmettre en même temps des expéditions au Ministre des Travaux Publics, aux Préfets des départements traversés par le chemin de fer, et aux Commissaires royaux.

Art. 46.

La Compagnie devra, en outre, dans le plus

court délai et dans les formes énoncées en l'article précédent, soumettre ses propositions au ministre des travaux publics pour les prix de transport non déterminés par le cahier des charges, et à l'égard desquels le ministre est appelé à statuer.

Art. 47.

Quant aux frais accessoires, tels que ceux de chargement, de déchargement et d'entrepôt dans les gares et magasins du chemin de fer, et quant à toutes les taxes qui doivent être réglées annuellement, la compagnie devra en soumettre le règlement à l'approbation du ministre des travaux publics, dans le dixième mois de chaque année. Jusqu'à décision, les anciens tarifs continueront à être perçus.

Art. 48.

Les tableaux des taxes et des frais accessoires approuvés seront constamment affichés dans les lieux les plus apparents des gares et stations des chemins de fer.

ART. 49.

Lorsque la compagnie voudra apporter quelques changements aux prix autorisés, elle en donnera avis au ministre des travaux publics, aux préfets des départements traversés et aux commissaires royaux.

Le public sera en même temps informé, par des affiches, des changements soumis à l'approbation du ministre.

A l'expiration du mois à partir de la date de l'affiche, les dites taxes pourront être perçues, si, dans cet intervalle, le ministre des travaux publics les a homologuées.

Si des modifications à quelques-uns des prix affichés étaient prescrites par le ministre, les prix modifiés devront être affichés de nouveau et ne pourront être mis en perception qu'un mois après la date de ces affiches.

ART. 5o.

La Compagnie sera tenue d'effectuer avec soin, exactitude et célérité, et sans tour de faveur, les transports des marchandises, bestiaux et objets de toute nature qui lui sont confiés.

Au fur et à mesure que des colis, des bestiaux ou des objets quelconques arriveront au chemin de fer, enregistrement en sera fait immédiatement, avec mention du prix total dû pour le transport. Le transport s'effectuera dans l'ordre des inscriptions, à moins de délais demandés ou consentis par l'expéditeur, et qui seront mentionnés dans l'enregistrement.

Un récépissé devra être délivré à l'expéditeur, s'il le demande, sans préjudice, s'il y a lieu, de la lettre de voiture. Le récépissé énoncera la nature et le poids des colis, le prix total du transport et le délai dans lequel ce transport devra être effectué.

Les registres mentionnés au présent article seront représentés à toute réquisition des fonctionnaires et agents chargés de veiller à l'exécution du présent règlement.

TITRE VI

De la surveillance de l'exploitation.

Art. 51.

La surveillance de l'exploitation des chemins de fer s'exercera concurremment :

Par les ingénieurs des Ponts et Chaussées

ou des mines, les conducteurs des Ponts et Chaussées, les contrôleurs des mines ;

Par les fonctionnaires du contrôle de l'exploitation commerciale ;

Par les commissaires de surveillance administrative ;

Et par les autres agents du contrôle.

ART. 52.

Les attributions de ces agents et l'organisation du service de contrôle sont définies par les règlements spéciaux.

ART. 53.

Les compagnies seront tenues de représenter, à toute réquisition, aux directeurs des services de contrôle ou à leurs délégués, leurs registres et pièces de dépenses et de recettes, leurs circulaires et ordres de service, les traités qu'elles ont passés avec d'autres entreprises de transport et, en général, tous les documents nécessaires à l'exercice de la mission confiée aux services de contrôle.

Art. 54.

Les compagnies seront tenues de fournir des locaux convenables pour les commissaires de surveillance administrative.

Art. 55.

Toutes les fois qu'il arrivera un accident sur le chemin de fer, il en sera fait immédiatement déclaration par la compagnie ou par ses agents au commissaire de surveillance administrative de la circonscription.

Lorsque l'accident aura une certaine gravité, la compagnie exploitante avisera en outre, par la voie la plus rapide, le ministre des travaux publics, le directeur du service de contrôle, le préfet du département, les deux ingénieurs ordinaires du contrôle de la voie et de l'exploitation.

Lorsqu'il se produira un fait de nature à donner ouverture à l'action publique, et, en tout cas, s'il y a mort ou blessure, cet avis devra être également transmis au procureur de la République.

Art. 56.

Les compagnies devront soumettre leurs règlements relatifs au service à l'approbation du ministre des travaux publics qui prescrira les modifications qu'il jugera nécessaires.

Art. 57.

Il est défendu à toute personne étrangère au service du chemin de fer :

1° De pénétrer, sans y être autorisée régulièrement, dans l'enceinte du chemin de fer, d'y circuler ou stationner ;

2° D'y jeter ou déposer aucuns matériaux ni objets quelconques ;

3° D'y introduire des chevaux, bestiaux ou animaux d'aucune espèce ou de laisser s'y introduire ceux dont elle a la garde ;

4° D'y faire circuler on stationner aucuns véhicules étrangers au service ;

5° De manœuvrer les appareils qui ne sont pas à la disposition du public, de les déranger ou d'en empêcher le fonctionnement ;

6° De dégrader les clôtures, barrières, talus, bâtiments et ouvrages d'art.

Art. 58.

1° D'entrer dans les voitures sans avoir pris un billet, et de se placer dans une voiture d'une classe supérieure à celle qui est indiquée par le billet ;

2° D'entrer dans les voitures ou d'en sortir autrement que par la portière qui se trouve du côté où se fait le service du train ;

3° De passer d'une voiture dans une autre autrement que par les passages disposés à cet effet, de se pencher au dehors, d'occuper une place non destinée aux voyageurs ou de se placer indûment dans des compartiments ayant une destination spéciale ;

4° De se servir sans motif plausible du signal d'alarme mis à la disposition des voyageurs pour faire appel aux agents de la compagnie.

Les voyageurs ne devront monter dans

les voitures ou en descendre qu'aux gares et lorsque le train sera complètement arrêté.

Il est défendu de fumer dans les salles d'attente, ainsi que dans les voitures, exception faite des compartiments portant la plaque indicative : fumeurs.

Il est défendu de cracher ailleurs que dans les crachoirs disposés à cet effet.

Les voyageurs sont tenus d'obtempérer aux injonctions des agents de la compagnie pour l'observation des dispositions mentionnées aux paragraphes ci-dessus.

Art. 59.

Il est interdit d'admettre dans les voitures plus de voyageurs que ne le comporte le nombre de places indiqué, conformément à l'article 12 ci-dessus.

Art. 60.

L'entrée des voitures est interdite :

1º A toute personne en état d'ivresse ;

2º A tous individus porteurs d'armes à feu chargées ou d'objets qui, par leur nature, leur volume ou leur odeur, pourraient gêner ou incommoder les voyageurs.

Tout individu porteur d'une arme à feu, doit, avant son admission sur les quais d'embarquement, faire constater que son arme n'est point chargée.

Toutefois, lorsqu'ils y sont obligés par leur service, les agents de la force publique peuvent conserver avec eux, dans les voitures, des armes à feu chargées, à condition de prendre place dans des voitures réservées.

Pourront être exclues des compartiments affectés au public, les personnes atteintes visiblement ou notoirement de maladies dont la contagion serait à redouter pour les voyageurs. Les compartiments dans lesquels elles auront pris place seront, dès l'arrivée, soumis à la désinfection.

ART. 61.

Les personnes qui voudront expédier des matières de la nature de celles qui sont mentionnées à l'article 21 devront les déclarer au moment où elles les apporteront dans les gares du chemin de fer.

ART. 62.

Aucun animal ne sera admis dans les voitures servant au transport des voyageurs.

Toutefois, la Compagnie pourra placer dans des compartiments spéciaux les voyageurs qui ne voudraient pas se séparer de leurs chiens, pourvu que ces animaux soient muselés, en quelque saison que ce soit.

En outre, des exceptions pourront être autorisées pour les animaux de petite taille convenablement enfermés.

Art. 63.

Les cantonniers, gardes-barrières et autres agents du chemin de fer devront faire sortir immédiatement toute personne qui se serait introduite dans l'enceinte du chemin de fer ou dans quelque portion que ce soit de ses dépendances où elle n'aurait pas le droit d'entrer.

En cas de résistance de la part des contre-venants, tout employé du chemin de fer pourra requérir l'assistance des agents de la force publique.

Les animaux abandonnés qui seront

trouvés dans l'enceinte du chemin de fer seront saisis et mis en fourrière.

TITRE VII

Dispositions diverses.

Art. 64.

Dans tous les cas où, conformément aux dispositions du présent règlement, le ministre des travaux publics devra statuer sur la proposition d'une compagnie, la compagnie sera tenue de lui soumettre cette proposition dans le délai qu'il aura déterminé, faute de quoi le ministre pourra statuer directement.

Si le ministre pense qu'il y a lieu de modifier la proposition de la compagnie, il devra, sauf le cas d'urgence, entendre la compagnie avant de prescrire les modifications.

Art. 65.

Si les installations de certaines gares, leur personnel ou le matériel roulant sont insuffisants pour permettre à la Compagnie d'assurer dans les circonstances normales la marche régulière du service, en observant les conditions et délais déterminés par les règlements et les tarifs, la Compagnie, sur la mise en demeure qui lui sera adressée par le ministre, devra prendre les mesures nécessaires pour y pourvoir.

Faute par elle d'avoir présenté au ministre, dans le délai imparti par la mise en demeure, des propositions ou des projets suffisants, le ministre statuera directement.

Art. 66.

Aucun crieur, vendeur ou distributeur

d'objets quelconques ne pourra être admis par les compagnies à exercer sa profession dans les cours ou bâtiments des gares qu'en vertu d'une autorisation spéciale du préfet du département.

Art. 67.

Les attributions données aux préfets des départements par le présent décret seront exercées par le préfet de police dans toute l'étendue de son ressort.

Art. 68.

Le ministre des travaux publics déterminera, la compagnie entendue, les dispositions relatives à la durée du travail des agents qu'il jugera nécessaires à la sécurité de l'exploitation.

Art. 69.

Tout agent employé sur les chemins de fer sera revêtu d'un uniforme ou porteur d'un signe distinctif.

Art. 70.

Nul ne peut être employé en qualité de mécanicien-conducteur de train ou de chauffeur, s'il ne produit des certificats de capacité délivrés dans les formes qui seront déterminées par le ministre des travaux publics.

Art. 71.

Aux gares désignées par le ministre, les compagnies entretiendront les médicaments et moyens de secours nécessaires en cas d'accident.

Art. 72.

Il sera tenu dans chaque gare un registre destiné à recevoir les réclamations des voyageurs, expéditeurs ou destinataires qui auraient des plaintes à former soit contre la compagnie, soit contre ses agents. Ce registre sera présenté à toute réquisition des voyageurs, expéditeurs ou destinataires, et communiqué sur place aux fonctionnaires et agents du contrôle.

Dès qu'une plainte aura été inscrite sur le registre, le chef de gare devra en envoyer copie au commissaire de surveillance administrative de la circonscription.

Art. 73.

Les registres mentionnés aux articles 9, 20, 42 et 72 ci-dessus seront cotés et paraphés

par le commissaire de surveillance administrative.

Art. 74.

Les exemplaires du présent règlement seront
constamment affichés dans les gares, à la diligence des compagnies.

Le conducteur principal d'un train en
marche devra également être muni d'un
exemplaire du règlement.

Des extraits devront être délivrés, chacun
pour ce qui le concerne, aux mécaniciens,
chauffeurs, gardes-freins, cantonniers, gardes-
barrières et autres agents employés sur le
chemin de fer.

Des extraits, en ce qui concerne les règles
à observer par les voyageurs pendant le trajet,
devront être placés dans chaque compartiment.

Art. 75.

Sur les lignes où il sera fait usage de l'énergie électrique pour la traction des trains, le ministre des travaux publics pourra autoriser des dérogations au présent décret, justifiées par ce mode spécial de traction.

Art. 76.

Seront constatées, poursuivies et réprimées conformément au titre III de la loi du 15 juillet 1845 sur la police des chemins de fer, les contraventions au présent règlement, aux décisions rendues par le ministre des travaux publics et aux arrêtés pris sous son approbation, s'il y a lieu, par les préfets, pour l'exécution dudit règlement.

Art. 77.

Pour l'application du présent décret aux

chemins de fer d'intérêt local, les attributions conférées au ministre des travaux publics seront exercées par le préfet, si elles ne sont déjà réservées, soit au ministre, soit à d'autres autorités, par les lois et règlements.

ART. 78.

Le présent décret ne sera pas applicable aux tramways, qui resteront soumis aux règlements d'administration publique pris en exécution de la loi du 11 juin 1880.

Art. 2.

Est abrogé le décret du 9 mars 1889.

Art. 3.

Le Ministre des travaux publics est chargé

de l'exécution du présent décret, qui sera publié au *Journal officiel* et inséré au *Bulletin des lois*.

Fait à Paris, le 1er mars 1901.

ÉMILE LOUBET.

Par le Président de la République :

Le Ministre des travaux publics,

PIERRE BAUDIN

9 782014 055078